Mindful Eating Mag

MW01378206

Relate to Food

ध्यानपूर्ण भोजन का जादू: भोजन के साथ अपने संबंधों को बदलना

Himesh Sing

Mindful Eating Magic: Changing How You Relate to Food

Copyright © 2023 by Himesh Sing

All rights reserved. No part of this book may be reproduced or transmitted in any form or by any means, electronic or mechanical, including photocopying, recording, or by any information storage and retrieval system, without permission in writing from the publisher.

This book is a work of fiction. Names, characters, places, and incidents either are the product of the author's imagination or are used fictitiously. Any resemblance to actual events, locales, persons, living or dead, is entirely coincidental.

The first edition was published in 2023

ISBN:
Published by:
Sunshine
1663 Liberty Drive
Hyderabad, IN 47403
www.Sunshinepublishers.com

This book is self-published using on-demand printing and publishing, which allows it to be printed and distributed globally

3

TABLE OF CONTENT

Chapter 1: Introduction **07**

- The importance of mindful eating in a fast-paced world
- The potential to change your life through mindful eating

Chapter 2: The Basics of Mindful Eating **13**

- What is mindful eating?
- Benefits of mindful eating
- Common challenges and solutions
- Getting started with mindful eating

Chapter 3: Cultivating Mindfulness **25**

- Mindfulness practices for beginners
- Incorporating mindfulness into daily activities
- Overcoming distractions and maintaining focus

Chapter 4: Mindful Eating in Action   34

- Applying mindful eating at every meal
- Choosing and preparing food with intention
- Eating in a variety of settings, including restaurants
- Dealing with cravings and emotional eating

Chapter 5: Transforming Your Relationship with Food   46

- Setting realistic goals and intentions
- Overcoming negative self-talk and cultivating self-compassion
- Building a healthy and balanced relationship with food
- Celebrating the joy of eating

5

विषय सूची

अध्याय 1: परिचय 07

- तेजी से बदलती दुनिया में माइंडफुल ईटिंग का महत्व
- माइंडफुल ईटिंग के माध्यम से आपके जीवन को बदलने की क्षमता

अध्याय 2: माइंडफुल ईटिंग के मूल सिद्धांत 13

- माइंडफुल ईटिंग क्या है?
- माइंडफुल ईटिंग के लाभ
- सामान्य चुनौतियाँ और समाधान
- माइंडफुल ईटिंग के साथ शुरुआत करना

अध्याय 3: माइंडफुलनेस का विकास 25

- शुरुआती लोगों के लिए माइंडफुलनेस अभ्यास
- दैनिक गतिविधियों में माइंडफुलनेस शामिल करना
- ध्यान भटकाने और फोकस बनाए रखने पर काबू पाना

अध्याय 4: क्रिया में माइंडफुल ईटिंग　　　　34

- हर भोजन में माइंडफुल ईटिंग को लागू करना
- इरादे के साथ भोजन चुनना और तैयार करना
- रेस्तरां सहित विभिन्न सेटिंग्स में भोजन करना
- लालसा और भावनात्मक भोजन से निपटना

अध्याय 5: भोजन के साथ अपने संबंध को रूपांतरित करना　　　　46

- यथार्थवादी लक्ष्य और इरादे निर्धारित करना
- नकारात्मक आत्म-चर्चा पर काबू पाना और आत्म-करुणा का विकास करना
- भोजन के साथ एक स्वस्थ और संतुलित संबंध बनाना
- खाने की खुशी का जश्न मनाना

Chapter 1: Introduction

अध्याय 1: परिचय

तेजी से बदलती दुनिया में माइंडफुल ईटिंग का महत्व

![तेजी से बदलती दुनिया में माइंडफुल ईटिंग का महत्व]

आज की दुनिया एक तेज-तर्रार जगह है। हम लगातार गति में हैं, और हमारे पास शायद ही कभी धीमा करने और पल का आनंद लेने का समय होता है। यह हमारे खाने के तरीके को भी प्रभावित करता है। हम अक्सर जल्दी-जल्दी खाते हैं, ध्यान भटकाते हैं, और बिना सोचे-समझे खाते हैं।

माइंडफुल ईटिंग हमारे खाने के तरीके के बारे में अधिक जागरूक होने और वर्तमान क्षण में उपस्थित रहने का अभ्यास है। यह हमें अपने भोजन का स्वाद लेने, संतुष्टि का अनुभव करने और हमारे शरीर को सुनने में सक्षम बनाता है।

माइंडफुल ईटिंग तेजी से बदलती दुनिया में महत्वपूर्ण है क्योंकि यह हमें:

- तनाव कम करें। जब हम माइंडफुल ईटिंग का अभ्यास करते हैं, तो हम अपने तनाव के स्तर को कम कर सकते हैं और अधिक शांत और केंद्रित महसूस कर सकते हैं।
- अपने वजन को प्रबंधित करें। माइंडफुल ईटिंग हमें अधिक धीरे-धीरे खाने और भूख और परिपूर्णता के संकेतों के प्रति अधिक संवेदनशील बनने में मदद कर सकती है, जिससे हमें अधिक खाने से बचने में मदद मिलती है।

- अपने शारीरिक स्वास्थ्य में सुधार करें। माइंडफुल ईटिंग से पाचन, रक्तचाप और रक्त शर्करा के स्तर में सुधार हो सकता है।
- अपने मानसिक स्वास्थ्य में सुधार करें। माइंडफुल ईटिंग अवसाद, चिंता और खाने के विकार के लक्षणों को कम करने में मदद कर सकती है।

माइंडफुल ईटिंग कैसे शुरू करें

यदि आप माइंडफुल ईटिंग को आजमाना चाहते हैं, तो यहां कुछ आसान टिप्स दी गई हैं:

- धीरे-धीरे खाएं। अपने भोजन को अच्छी तरह से चबाएं और प्रत्येक काटने का स्वाद लें।
- खाते समय ध्यान भटकाने से बचें। अपना फोन, टीवी या कंप्यूटर बंद कर दें और अपने भोजन पर ध्यान दें।
- अपने भोजन को देखें, गंध लें और उसका स्वाद लें। अपने भोजन की बनावट, रंग और गंध पर ध्यान दें।
- भूख और परिपूर्णता के संकेतों के प्रति संवेदनशील रहें। जब आप भूखे हों तो खाना शुरू करें और जब आप संतुष्ट हों तो रुक जाएं।
- नकारात्मक आत्म-चर्चा से बचें। अपने आप को अपने खाने के बारे में नकारात्मक बातें कहने से रोकें।
- दयालु बनो। अगर आप कभी-कभार भटक जाते हैं, तो अपने आप को मत मारो। बस अपने ध्यान को अपने भोजन पर वापस लाएं।

माइंडफुल ईटिंग एक आजीवन अभ्यास है। समय के साथ, आप पाएंगे कि यह आपके जीवन के सभी क्षेत्रों में सकारात्मक प्रभाव डालता है।

माइंडफुल ईटिंग के लाभों के बारे में कुछ अतिरिक्त जानकारी:

- माइंडफुल ईटिंग से बेहतर पाचन, रक्तचाप और रक्त शर्करा के स्तर में सुधार हो सकता है।
- माइंडफुल ईटिंग अवसाद, चिंता और खाने के विकार के लक्षणों को कम करने में मदद कर सकती है।
- माइंडफुल ईटिंग आपके रिश्तों को बेहतर बनाने में मदद कर सकती है।
- माइंडफुल ईटिंग आपको जीवन में अधिक आनंद और संतुष्टि का अनुभव करने में मदद कर सकती है।

माइंडफुल ईटिंग को आज ही शुरू करें और अपने जीवन में बदलाव देखें!

माइंडफुल ईटिंग से अपने जीवन को बदलने की क्षमता

हमारे जीवन में भोजन एक केंद्रीय भूमिका निभाता है। यह हमें ऊर्जा प्रदान करता है, हमें स्वस्थ रखता है और हमें आनंद देता है। हालांकि, तेजी से बदलती दुनिया में, हम अक्सर अपने भोजन के साथ एक अस्वस्थ संबंध विकसित कर लेते हैं। हम ध्यान भटकाते हैं, जल्दी-जल्दी खाते हैं, और अपने शरीर की जरूरतों को सुनने के बजाय भावनात्मक रूप से भोजन करते हैं।

माइंडफुल ईटिंग एक शक्तिशाली अभ्यास है जो आपके जीवन को बदलने की क्षमता रखता है। यह आपको भोजन के साथ एक सकारात्मक और स्वस्थ संबंध बनाने में सक्षम बनाता है, जिससे कई लाभ मिलते हैं, जिनमें शामिल हैं:

- शारीरिक स्वास्थ्य में सुधार: माइंडफुल ईटिंग से आपका पाचन बेहतर हो सकता है, रक्तचाप कम हो सकता है और रक्त शर्करा के स्तर को नियंत्रित किया जा सकता है। यह स्वस्थ वजन बनाए रखने और पुरानी बीमारियों के जोखिम को कम करने में भी आपकी मदद कर सकता है।

- मानसिक और भावनात्मक कल्याण को बढ़ाना: माइंडफुल ईटिंग आपको अधिक शांत, केंद्रित और आनंदित महसूस करने में मदद कर सकती है। यह तनाव, चिंता और अवसाद के लक्षणों को कम करने में भी मदद कर सकता है।

- स्वस्थ खाने की आदतों को बढ़ावा देना: माइंडफुल ईटिंग आपको अपने भोजन के विकल्पों के बारे में अधिक जागरूक होने और अधिक पौष्टिक खाद्य पदार्थों का चयन करने में मदद कर सकती है। यह आपको अपने खाने की आदतों को बदलने और स्थायी रूप से स्वस्थ खाने के लिए प्रोत्साहित कर सकता है।

- आत्म-करुणा और आत्म-स्वीकृति को बढ़ावा देना: माइंडफुल ईटिंग आपको अपने शरीर और अपने खाने के बारे में अधिक दयालु बनने में मदद कर सकती है। यह आपको खुद को स्वीकार करने और अपने आहार के बारे में कम निर्णय लेने में सक्षम बनाता है।
- जीवन की गुणवत्ता में सुधार: माइंडफुल ईटिंग आपको भोजन के अनुभव का अधिक आनंद लेने में मदद कर सकती है। यह आपको वर्तमान क्षण में उपस्थित रहने और जीवन के छोटे-छोटे सुखों की सराहना करने में सक्षम बनाता है।

माइंडफुल ईटिंग के लाभों का अनुभव करने के लिए आपको केवल कुछ सरल चरणों का पालन करने की आवश्यकता है:

- धीरे और जानबूझकर खाएं: अपने भोजन को अच्छी तरह से चबाएं और प्रत्येक काटने का स्वाद लें।
- खाते समय ध्यान भटकाने से बचें: अपना फोन, टीवी और कंप्यूटर बंद कर दें और अपने भोजन पर ध्यान दें।
- भूख और परिपूर्णता के संकेतों के प्रति संवेदनशील रहें: जब आप भूखे हों तो खाना शुरू करें और जब आप संतुष्ट हों तो रुक जाएं।
- अपने भोजन के बारे में नकारात्मक बातें कहने से बचें: अपने आप को दयालु और स्वीकार्य बनें।
- नियमित रूप से माइंडफुल ईटिंग का अभ्यास करें: जितना अधिक आप अभ्यास करेंगे, उतना ही यह आपके जीवन का एक स्वाभाविक हिस्सा बन जाएगा।

माइंडफुल ईटिंग एक यात्रा है, न कि कोई मंजिल। इसके साथ धैर्य रखें और किसी भी बाधा को दूर करने के लिए खुद को प्रोत्साहित करें। जब

आप माइंडफुल ईटिंग के अभ्यास के लिए प्रतिबद्ध होते हैं, तो आप अपने जीवन में सकारात्मक बदलावों की एक श्रृंखला को देखना शुरू कर देंगे। आप अधिक शारीरिक और मानसिक रूप से स्वस्थ महसूस करेंगे, स्वस्थ खाने की आदतों को बढ़ावा देंगे, और जीवन के हर काटने की पूरी तरह से सराहना कर पा

Chapter 2: The Basics of Mindful Eating

अध्याय 2: माइंडफुल ईटिंग के मूल सिद्धांत

माइंडफुल ईटिंग क्या है?

आज की भागदौड़ भरी जिंदगी में हम अक्सर अपने खाने पर ध्यान नहीं देते हैं। हम जल्दी-जल्दी खाते हैं, ध्यान भटकाते हैं और बिना सोचे-समझे खाते हैं। यह न केवल हमारे खाने के अनुभव को खराब करता है, बल्कि हमारे स्वास्थ्य के लिए भी हानिकारक हो सकता है।

माइंडफुल ईटिंग खाने के प्रति एक सचेत और विचारशील दृष्टिकोण है। यह वर्तमान क्षण में उपस्थित रहने और अपने भोजन के अनुभव के बारे में पूरी तरह से जागरूक होने का अभ्यास है। माइंडफुल ईटिंग इस बारे में नहीं है कि आप क्या खाते हैं, बल्कि आप इसे कैसे खाते हैं।

माइंडफुल ईटिंग के मूल सिद्धांत:

- धीरे-धीरे खाएं: अपने भोजन को अच्छी तरह से चबाएं और प्रत्येक काटने का स्वाद लें। ध्यान दें कि आपका शरीर भोजन को कैसे संसाधित करता है।

- खाते समय ध्यान भटकाने से बचें: अपना फोन, टीवी, और कंप्यूटर बंद कर दें। अपने भोजन पर ध्यान दें और आसपास के वातावरण को देखें, सुनें और महसूस करें।

- भूख और परिपूर्णता के संकेतों के प्रति संवेदनशील रहें: जब आप भूखे हों तो खाना शुरू करें और जब आप संतुष्ट हों तो रुक जाएं। अपने शरीर की जरूरतों को सुनें और उसके अनुसार भोजन करें।

- अपने भोजन को देखें, गंध लें और उसका स्वाद लें: रंग, बनावट और गंध पर ध्यान दें। विभिन्न स्वादों और सुगंधों की सराहना करें।

- नकारात्मक आत्म-चर्चा से बचें: अपने आप को अपने खाने के बारे में नकारात्मक बातें कहने से रोकें। अपने आप से दयालु और स्वीकार्य बनें।

माइंडफुल ईटिंग के लाभ:

- शारीरिक स्वास्थ्य में सुधार: माइंडफुल ईटिंग से पाचन में सुधार, रक्तचाप कम हो सकता है, और रक्त शर्करा के स्तर को नियंत्रित किया जा सकता है। यह स्वस्थ वजन बनाए रखने और पुरानी बीमारियों के जोखिम को कम करने में भी आपकी मदद कर सकता है।

- मानसिक और भावनात्मक कल्याण को बढ़ाना: माइंडफुल ईटिंग से आपको अधिक शांत, केंद्रित और आनंदित महसूस करने में मदद मिल सकती है। यह तनाव, चिंता और अवसाद के लक्षणों को कम करने में भी मदद कर सकता है।

- स्वस्थ खाने की आदतों को बढ़ावा देना: माइंडफुल ईटिंग आपको अपने भोजन के विकल्पों के बारे में अधिक जागरूक होने और अधिक पौष्टिक खाद्य पदार्थों का चयन करने में मदद कर सकती है। यह आपको अपने खाने की आदतों को बदलने और स्थायी रूप से स्वस्थ खाने के लिए प्रोत्साहित कर सकता है।

- आत्म-करुणा और आत्म-स्वीकृति को बढ़ावा देना: माइंडफुल ईटिंग आपको अपने शरीर और अपने खाने के बारे में अधिक दयालु बनने में मदद कर सकती है। यह आपको खुद को स्वीकार करने और अपने आहार के बारे में कम निर्णय लेने में सक्षम बनाता है।

- जीवन की गुणवत्ता में सुधार: माइंडफुल ईटिंग आपको भोजन के अनुभव का अधिक आनंद लेने में मदद कर सकती है। यह आपको वर्तमान क्षण में उपस्थित रहने और जीवन के छोटे-छोटे सुखों की सराहना करने में सक्षम बनाता है।

माइंडफुल ईटिंग कैसे शुरू करें:

- छोटे से शुरू करें: एक भोजन या स्नैक चुनें और उस पर अपना पूरा ध्यान केंद्रित करें।
- ध्यान दें: अपने आप को भोजन के अनुभव के लिए खोलें। भोजन का स्वाद, बनावट और गंध पर ध्यान दें।

माइंडफुल ईटिंग के लाभ

तेज-तर्रार और तनावपूर्ण जीवन में, भोजन को अक्सर कम प्राथमिकता दी जाती है। हम जल्दी-जल्दी, ध्यान भटकाते हुए और बिना सोचे-समझे खाते हैं, जिससे हमारे शरीर और मन को नकारात्मक प्रभावित करते हैं। माइंडफुल ईटिंग एक शक्तिशाली उपकरण है जो हमारे खाने के अनुभव को बदल सकता है और हमें शारीरिक, मानसिक और भावनात्मक रूप से स्वस्थ रहने में मदद कर सकता है।

माइंडफुल ईटिंग क्या है? यह खाने के प्रति एक सचेत और तत्परतापूर्ण दृष्टिकोण है, जो हमें वर्तमान क्षण में रहने और अपने भोजन के अनुभव को पूरी तरह से महसूस करने में सक्षम बनाता है। इसका मतलब है धीरे-धीरे खाना, बिना किसी विकर्षण के, और अपने शरीर के संकेतों को सुनना।

माइंडफुल ईटिंग के लाभ व्यापक हैं और जीवन के सभी पहलुओं को प्रभावित करते हैं। आइए कुछ प्रमुख लाभों पर एक नज़र डालें:

शारीरिक स्वास्थ्य:

- पाचन में सुधार: जब हम धीरे-धीरे और ध्यान से खाते हैं, तो हमारा शरीर भोजन को अधिक आसानी से पचा सकता है, जिससे अपच और सूजन जैसी समस्याएं कम हो जाती हैं।
- वजन प्रबंधन: माइंडफुल ईटिंग हमें अपने भूख और परिपूर्णता के संकेतों के प्रति अधिक संवेदनशील बनाती है, जिससे हमें अधिक खाने से बचने में मदद मिलती है और स्वस्थ वजन बनाए रखने में योगदान मिलता है।
- रक्तचाप और रक्त शर्करा नियंत्रण: माइंडफुल ईटिंग तनाव को कम करने और हमारे शरीर के तनाव हार्मोन के स्तर को कम

करने में मदद कर सकती है, जिससे रक्तचाप और रक्त शर्करा के स्तर को नियंत्रित करने में सहायता मिलती है।

- हृदय स्वास्थ्य में सुधार: माइंडफुल ईटिंग हमें स्वस्थ खाद्य पदार्थों का चयन करने और अस्वास्थ्यकर खाद्य पदार्थों के सेवन को कम करने के लिए प्रोत्साहित कर सकती है, जिससे हृदय रोग के जोखिम को कम करने में मदद मिलती है।

मानसिक और भावनात्मक स्वास्थ्य:

- तनाव में कमी: माइंडफुल ईटिंग हमें अपने विचारों और भावनाओं को नियंत्रित करने और वर्तमान क्षण में रहने में मदद करती है, जिससे तनाव और चिंता को कम किया जा सकता है।
- अवसाद और चिंता में कमी: माइंडफुल ईटिंग नकारात्मक विचारों और चिंताओं को कम करने में मदद कर सकती है, जिससे अवसाद और चिंता के लक्षणों में सुधार हो सकता है।
- आत्म-जागरूकता और आत्म-स्वीकृति: माइंडफुल ईटिंग हमें अपने खाने के पैटर्न और हमारे शरीर के बारे में अधिक जागरूक होने में सक्षम बनाती है, जिससे आत्म-स्वीकृति और आत्म-करुणा को बढ़ावा मिलता है।
- भावनात्मक खाने से रोकथाम: माइंडफुल ईटिंग हमें अपने भूख के कारणों को समझने में मदद करती है, जिससे हमें भावनात्मक रूप से खाने से बचने और स्वस्थ तरीके से तनाव का सामना करने में सक्षम बनाती है।

जीवन की गुणवत्ता:

- भोजन का आनंद बढ़ाना: माइंडफुल ईटिंग हमें भोजन के स्वाद, बनावट और गंध का पूरा आनंद लेने में सक्षम बनाती

है, जिससे भोजन का अनुभव अधिक सुखद और संतोषजनक बनाता है।

- संबंधों में सुधार: जब हम माइंडफुल ईटिंग का अभ्यास करते हैं, तो हम दूसरों के साथ भोजन के समय को और अधिक उपस्थित और जुड़े हुए महसूस कर सकते हैं, जिससे रिश्तों को मजबूत बनाने में मदद

माइंडफुल ईटिंग करते समय आम चुनौतियाँ और उनके समाधान

माइंडफुल ईटिंग एक फायदेमंद अभ्यास है, लेकिन इसे शुरू करना और बनाए रखना हमेशा आसान नहीं होता है। कई आम चुनौतियां हैं जिनका सामना आप कर सकते हैं, लेकिन कुछ सरल समाधान भी हैं। आइए कुछ सबसे आम चुनौतियों और उनके समाधानों पर एक नज़र डालें:

चुनौती 1: विचलित होना

तेजी से बदलती दुनिया में, हम लगातार विभिन्न सूचनाओं और उत्तेजनाओं से घिरे रहते हैं। यह हमारे खाने के समय भी ध्यान भटकाने का काम कर सकता है। टेलीविजन, फोन, सोशल मीडिया, और यहां तक कि हमारे विचार भी हमें वर्तमान क्षण से दूर खींच सकते हैं।

समाधान:

- माहौल बनाएं: अपने भोजन के लिए एक शांत और शांतिपूर्ण वातावरण बनाएं। टेलीविजन बंद करें, अपना फोन दूर रखें, और किसी भी अन्य विकर्षण को दूर करें।
- एक समय में एक काम करें: भोजन करते समय किसी अन्य काम को करने से बचें। अपने भोजन पर पूरी तरह से ध्यान दें।
- ध्यान करें: यदि आप आसानी से विचलित हो जाते हैं, तो ध्यान का अभ्यास करने पर विचार करें। इससे आपके ध्यान को केंद्रित करने और वर्तमान क्षण में रहने की क्षमता में सुधार होगा।

चुनौती 2: जल्दी खाने की आदत

हम में से कई लोगों को जल्दी-जल्दी खाने की आदत होती है, जो माइंडफुल ईटिंग के विपरीत है। जल्दी खाने से हम भूख और परिपूर्णता के संकेतों को याद कर सकते हैं, जिससे अधिक खाने और अपच की समस्या हो सकती है।

समाधान:

- छोटे-छोटे काट लें: अपने भोजन को छोटे-छोटे टुकड़ों में काटने और हर काटने को अच्छी तरह से चबाने का प्रयास करें। यह धीमा करने में आपकी सहायता करेगा और आपको अपने भोजन के स्वाद और बनावट का पूरा आनंद लेने में सक्षम बनाएगा।
- अपने काटने के बीच विराम लें: प्रत्येक काटने के बीच कुछ सेकंड के लिए रुकें। अपने भोजन को निगलने से पहले इसे अपने मुंह में घुमाएं और प्रत्येक स्वाद को महसूस करें।
- खाते समय पानी पिएं: खाते समय पानी पीने से आप धीमा करने में मदद कर सकते हैं और आपको पूर्ण महसूस कर सकते हैं।

चुनौती 3: नकारात्मक आत्म-चर्चा

कई लोग अपने खाने के बारे में नकारात्मक विचार रखते हैं, जो माइंडफुल ईटिंग के अनुभव को बाधित कर सकते हैं। इस तरह की नकारात्मक आत्म-चर्चा आनंद को कम कर सकती है और अस्वास्थ्यकर खाने की आदतों को बढ़ावा दे सकती है।

समाधान:

- अपने विचारों को पहचानें: जब आप अपने बारे में या अपने भोजन के बारे में नकारात्मक सोचते हैं, तो उन विचारों को पहचानने के लिए कुछ समय निकालें।

- अपने विचारों को चुनौती दें: अपने नकारात्मक विचारों की सच्चाई पर सवाल उठाएं। क्या वे वास्तविक और सहायक हैं?

- दयालु बनें: अपने आप से वैसे ही बात करें जैसे आप किसी करीबी दोस्त से बात करेंगे। दयालु और स्वीकार्य बनें।

- अपने आप को क्षमा करें: हर कोई कभी-कभी अस्वास्थ्यकर भोजन करता है। अपने आप को क्षमा करें और आगे बढ़ने का प्रयास करें।

चुनौती 4: भूख और परिपूर्णता के संकेतों को अनदेखा करना

हम में से कई लोग भूख और परिपूर्णता के संकेतों पर ध्यान नहीं देते हैं, जिससे हम अधिक खाने और अस्वस्थ महसूस करते हैं।

माइंडफुल ईटिंग के साथ शुरुआत करना

खाने का अनुभव आपके समग्र स्वास्थ्य और कल्याण के लिए महत्वपूर्ण है। हम जो खाते हैं वह न केवल हमारे शरीर को पोषण देता है बल्कि हमारे मन और आत्मा को भी प्रभावित करता है। माइंडफुल ईटिंग एक अभ्यास है जो आपको अपने खाने के अनुभव को बदलने और अपने जीवन में सकारात्मक बदलाव लाने में मदद कर सकता है।

माइंडफुल ईटिंग का मतलब है वर्तमान क्षण में उपस्थित रहना और अपने भोजन के सभी पहलुओं के प्रति सचेत रहना। यह बिना किसी विकर्षण के, धीरे-धीरे और जानबूझकर खाने के बारे में है। यह अपने भूख और परिपूर्णता के संकेतों को सुनने और अपने शरीर को पोषण देने के बारे में है।

हालांकि सरल लग सकता है, माइंडफुल ईटिंग की शुरुआत कुछ लोगों के लिए चुनौतीपूर्ण हो सकती है। यदि आप माइंडफुल ईटिंग को आजमाना चाहते हैं, तो यहां कुछ सरल चरणों का पालन किया जा सकता है:

1. एक इरादा निर्धारित करें:

अपने पहले माइंडफुल ईटिंग अनुभव से पहले, अपने आप से पूछें कि आप इस अभ्यास से क्या प्राप्त करना चाहते हैं। क्या आप तनाव कम करना चाहते हैं? क्या आप स्वस्थ खाने की आदतों को विकसित करना चाहते हैं? क्या आप अपने भोजन का अधिक आनंद लेना चाहते हैं? एक स्पष्ट इरादा आपको केंद्रित रहने और अभ्यास के प्रति प्रतिबद्ध रहने में मदद करेगा।

2. शांत वातावरण बनाएं:

अपने भोजन का आनंद लेने के लिए एक शांत और आरामदायक वातावरण बनाएं। टेलीविजन, फोन और अन्य distractions को बंद कर दें। एक आरामदायक कुर्सी पर बैठें और कुछ गहरी सांसें लें।

3. अपने भोजन को ध्यान से तैयार करें:

अपना भोजन तैयार करते समय, इस प्रक्रिया में उपस्थित रहने का प्रयास करें। अपने भोजन को ध्यान से देखें, गंध लें और छुएं। स्वस्थ और पौष्टिक खाद्य पदार्थों का चयन करें जो आपको अच्छे लगते हैं।

4. धीरे-धीरे और ध्यान से खाएं:

हर काटने को अच्छी तरह से चबाएं और भोजन के स्वाद और बनावट का आनंद लें। अपने भोजन को जल्दी मत करो। हर काटने के बीच धीमा करें और अपने शरीर को यह बताने का समय दें कि क्या वह भरा हुआ है।

5. अपने भूख और परिपूर्णता के संकेतों को सुनें:

अपने शरीर के भूख और परिपूर्णता के संकेतों को अनदेखा न करें। जब आप भूखे हों तो खाना शुरू करें और जब आप संतुष्ट हों तो रुक जाएं। अपने आप को भरने के लिए मजबूर न करें।

6. नकारात्मक आत्म-चर्चा से बचें:

अपने आप को अपने खाने के बारे में नकारात्मक बातें कहने से बचें। दयालु और स्वीकार्य बनें। याद रखें, माइंडफुल ईटिंग एक यात्रा है, एक मंजिल नहीं है। हर किसी के पास गलतियां होती हैं।

7. नियमित रूप से अभ्यास करें:

माइंडफुल ईटिंग का लाभ उठाने के लिए, इसे नियमित रूप से अभ्यास करना महत्वपूर्ण है। हर भोजन के लिए माइंडफुल ईटिंग का अभ्यास करने की आवश्यकता नहीं है। लेकिन जितना अधिक आप अभ्यास करेंगे, उतना ही यह आपके जीवन का एक स्वाभाविक हिस्सा बन जाएगा।

8. धैर्य रखें:

माइंडफुल ईटिंग सीखने में समय लगता है। यदि आप निराश महसूस करते हैं, तो हार न मानें। बस अपने अभ्यास पर ध्यान दें और अपने इरादे से जुड़े रहें। समय के साथ, आप माइंडफुल ईटिंग के लाभों को अनुभव करना शुरू कर देंगे।

माइंडफुल ईटिंग एक शक्तिशाली उपकरण है जो आपके भोजन के अनुभव को बदल सकता है और आपके सम

Chapter 3: Cultivating Mindfulness

अध्याय 3: माइंडफुलनेस का विकास

शुरुआती लोगों के लिए माइंडफुलनेस अभ्यास

आज की तेजी से भागती दुनिया में, ध्यान भटकना और तनावग्रस्त महसूस करना आसान है। माइंडफुलनेस एक अभ्यास है जो वर्तमान क्षण में उपस्थित रहने और अपने विचारों, भावनाओं और शारीरिक संवेदनाओं के प्रति अधिक जागरूक होने में आपकी मदद कर सकती है। यह तनाव को कम करने, चिंता को कम करने और समग्र कल्याण को बढ़ावा देने में एक शक्तिशाली उपकरण हो सकता है।

यदि आप माइंडफुलनेस के अभ्यास में नए हैं, तो शुरू करने के लिए कई सरल तकनीकें हैं। यहां शुरुआती लोगों के लिए कुछ सुझाव दिए गए हैं:

1. गहरी सांस लेने का अभ्यास करें:

गहरी सांस लेना तंत्रिका तंत्र को शांत करने और वर्तमान क्षण में आने का एक सरल तरीका है। एक आरामदायक स्थिति में बैठें और अपनी आँखें बंद करें। अपनी नाक के माध्यम से धीरे-धीरे और गहराई से सांस लें, अपने पेट को भरने दें। कुछ सेकंड के लिए सांस को रोक कर रखें, फिर धीरे-धीरे अपने मुंह से सांस छोड़ें। इस प्रक्रिया को कुछ मिनट तक दोहराएं।

2. ध्यान करें:

ध्यान माइंडफुलनेस अभ्यास का एक मूलभूत हिस्सा है। कई अलग-अलग प्रकार के ध्यान हैं जिन्हें आप आजमा सकते हैं, लेकिन शुरुआती लोगों के लिए सबसे सरल प्रकारों में से एक है श्वास ध्यान। बस एक आरामदायक स्थिति में बैठें और अपनी सांस पर ध्यान केंद्रित करें। जब आपका मन भटकता है, तो धीरे से इसे अपनी सांस पर वापस लाएं।

3. बॉडी स्कैन का अभ्यास करें:

बॉडी स्कैन एक माइंडफुलनेस अभ्यास है जो आपको अपने शरीर के बारे में अधिक जागरूक होने में मदद करता है। एक आरामदायक स्थिति में लेट जाएं और अपने पैरों के तलवों पर अपना ध्यान केंद्रित करें। अपने शरीर के प्रत्येक भाग को ध्यान से स्कैन करते हुए, अपने शरीर में किसी भी संवेदनाओं पर ध्यान दें। जैसे कि तनाव, दर्द, गर्मी या ठंडक। बिना किसी निर्णय के केवल संवेदनाओं को देखें।

4. अपने विचारों और भावनाओं को पहचानें:

माइंडफुलनेस केवल आपके शरीर के बारे में जागरूक होने के बारे में नहीं है, यह आपके विचारों और भावनाओं के बारे में भी है। जब आप किसी विचार या भावना को उठते हुए महसूस करते हैं, तो उसे बिना किसी निर्णय के पहचानें। बस उस विचार या भावना को देखें और उसे जाने दें।

5. रोजमर्रा की गतिविधियों में माइंडफुलनेस को शामिल करें:

आप अपने दैनिक जीवन में माइंडफुलनेस को कई तरह से शामिल कर सकते हैं। जब आप खाते हैं, तो अपने भोजन के स्वाद, बनावट और गंध पर ध्यान दें। जब आप व्यायाम करते हैं, तो अपने शरीर की गतिविधियों पर ध्यान दें। यहां तक कि जब आप बर्तन धो रहे हों या टहल रहे हों, तो आप तब भी वर्तमान क्षण में उपस्थित रह सकते हैं।

6. माइंडफुलनेस ऐप्स का प्रयोग करें:

शुरुआती लोगों के लिए कई माइंडफुलनेस ऐप्स उपलब्ध हैं जो आपको मार्गदर्शन प्रदान कर सकते हैं। ये ऐप्स निर्देशित ध्यान के साथ-साथ आपके अभ्यास को ट्रैक करने और माइंडफुलनेस के बारे में अधिक जानने में मदद करने के लिए विभिन्न संसाधन प्रदान करते हैं।

7. माइंडफुलनेस समुदाय में शामिल हों:

माइंडफुलनेस समुदाय का हिस्सा बनने से आपको अपने अभ्यास में प्रेरित और समर्थित रहने में मदद मिल सकती है। आप ऑनलाइन समुदायों, माइंडफुलनेस कक्षाओं या माइंडफुलनेस कार्यशालाओं में शामिल हो सकते हैं।

दैनिक गतिविधियों में माइंडफुलनेस को शामिल करना

हम सभी व्यस्त जीवन जीते हैं, जो हमें तनावग्रस्त, चिंतित और भारी महसूस करा सकता है। माइंडफुलनेस एक शक्तिशाली उपकरण है जो वर्तमान क्षण में उपस्थित रहने और अपने जीवन में अधिक शांति और खुशी लाने में हमारी मदद कर सकता है। अच्छी खबर यह है कि आपको माइंडफुलनेस का अभ्यास करने के लिए घंटों ध्यान करने की आवश्यकता नहीं है। आप इसे अपने दैनिक जीवन की साधारण गतिविधियों में शामिल कर सकते हैं।

यहां कुछ सरल तरीके दिए गए हैं जिनसे आप अपने दैनिक जीवन में माइंडफुलनेस को शामिल कर सकते हैं:

1. जब आप जागते हैं:

अपना अलार्म बंद करने के बजाय, कुछ सेकंड के लिए सो जाएं और अपने शरीर को जागने दें। इस समय का उपयोग अपने सांस लेने पर ध्यान केंद्रित करने और दिन के लिए एक सकारात्मक इरादा निर्धारित करने के लिए करें।

2. जब आप नाश्ता करते हैं:

अपने भोजन के बारे में जल्दी न करें। बैठकर खाएं और अपने भोजन के स्वाद, बनावट और गंध पर ध्यान केंद्रित करें। अपने भूख और परिपूर्णता के संकेतों को सुनें और जब आप संतुष्ट हों तो रुक जाएं।

3. जब आप यात्रा करते हैं:

जब आप काम पर या किसी अन्य स्थान पर ड्राइव कर रहे हों, तो वर्तमान क्षण पर ध्यान केंद्रित करें। अपने परिवेश को देखें और सुनें,

और अपनी सांस पर ध्यान दें। अपने आप को तनावग्रस्त या चिंतित होने से रोकें और सड़क पर ध्यान दें।

4. जब आप काम करते हैं:

अपने काम के दौरान नियमित ब्रेक लें और कुछ मिनटों के लिए ध्यान करें। अपनी आँखें बंद करें और अपनी सांस पर ध्यान दें, या कुछ सरल स्ट्रेचिंग अभ्यास करें। इससे आपको तनाव कम करने और अधिक केंद्रित रहने में मदद मिलेगी।

5. जब आप खाना बनाते हैं:

खाना बनाते समय, सामग्री को छूने, देखने और गंध लेने का समय निकालें। अपने आप को खाना बनाने की प्रक्रिया में शामिल करें और इसे ध्यान का एक रूप मानें।

6. जब आप व्यायाम करते हैं:

व्यायाम के दौरान अपने शरीर की गतिविधियों पर ध्यान दें। अपने सांस लेने पर ध्यान दें और अपने शरीर को महसूस करें। अपने आप को जोर न दें और अपने शरीर की सीमाओं का सम्मान करें।

7. जब आप बर्तन धोते हैं:

अपने आप को व्यस्त न रखें और जब आप बर्तन धोते हैं तो अपने विचारों को भटकने दें। इसके बजाय, बर्तन को गर्म पानी में महसूस करें, साबुन के झाग को देखें और पानी की आवाज़ को सुनें। इस सरल कार्य को वर्तमान क्षण में उपस्थित रहने का अवसर बनाएं।

8. जब आप प्रकृति में होते हैं:

प्रकृति में समय बिताने के लिए बाहर जाने का अवसर लेने की कोशिश करें। पेड़ों को देखें, पक्षियों को सुनें, और अपने आप को ताजी हवा में महसूस करें। प्रकृति की सुंदरता की सराहना करें और इसे वर्तमान क्षण में उपस्थित रहने का एक अवसर के रूप में उपयोग करें।

9. जब आप किसी से बात करते हैं:

जब आप किसी से बात कर रहे हों, तो उन पर ध्यान दें और उनके बारे में जानने की कोशिश करें। अपने विचारों को भटकने न दें और उनके कहने पर ध्यान दें। वर्तमान क्षण में उपस्थित रहें और उनके साथ सच्चा संबंध बनाने का प्रयास करें।

10. जब आप सोते जाते हैं:

बिस्तर पर जाने से पहले कुछ मिनटों के लिए ध्यान करना आपके मन को शांत करने और अच्छी रात की नींद लेने में आपकी मदद कर सकता है। अपनी सांस पर ध्यान दें, अपने शरीर को आराम दें, और अपने विचारों को धीरे से जाने दें।

ये कुछ सरल तरीके हैं जिनसे आप अपने दैनिक जीवन में माइंडफुलनेस को शामिल कर सकते हैं।

ध्यान भटकाने को दूर करना और ध्यान बनाए रखना

आज की तेजी से बदलती दुनिया में ध्यान भटकाना और ध्यान केंद्रित करना मुश्किल हो सकता है। लगातार सूचनाओं और उत्तेजनाओं के साथ, हमारा मन आसानी से भटक सकता है, जिससे हमें अपने लक्ष्यों को प्राप्त करने और अपने कार्यों में उत्कृष्टता प्राप्त करने में कठिनाई होती है।

लेकिन चिंता न करें! ध्यान भटकाने को दूर करना और ध्यान बनाए रखना सीखना संभव है। यहां कुछ उपयोगी टिप्स दिए गए हैं:

1. अपने लक्ष्य को स्पष्ट करें:

जब आप किसी कार्य को शुरू करते हैं, तो यह स्पष्ट करें कि आप क्या हासिल करना चाहते हैं। अपना लक्ष्य स्पष्ट रूप से परिभाषित करने से आपको ध्यान केंद्रित रहने और विचलित होने से बचने में मदद मिलेगी।

2. एक उपयुक्त वातावरण बनाएं:

अपने काम के लिए एक शांत और व्यवस्थित वातावरण बनाएं। अपने कार्य क्षेत्र को साफ करें और किसी भी संभावित विकर्षण को दूर करें, जैसे कि आपका फोन, टीवी या सोशल मीडिया।

3. बहु-कार्य से बचें:

एक बार में एक काम पर ध्यान दें। मल्टीटास्किंग से आपका ध्यान बंट सकता है और आपकी उत्पादकता कम हो सकती है। अपने वर्तमान कार्य पर ध्यान केंद्रित करें और इसे पूरा करने से पहले किसी अन्य चीज़ पर न जाएं।

4. समय प्रबंधन का अभ्यास करें:

अपने कार्यों के लिए समय सीमा निर्धारित करें और उनका पालन करें। यह आपको केंद्रित रहने और समय पर अपने लक्ष्यों को पूरा करने में मदद करेगा।

5. ब्रेक लें:

लंबे समय तक काम करना उल्टा पड़ सकता है। अपने ध्यान को बनाए रखने और burnout से बचने के लिए नियमित ब्रेक लेना सुनिश्चित करें। कुछ मिनिट के लिए टहलें, स्ट्रेचिंग करें, या कोई आरामदायक गतिविधि करें।

6. ध्यान भटकाने को पहचानें और प्रबंधित करें:

ध्यान भटकाने वाले कारकों को पहचानें जो आपको प्रभावित करते हैं और उन्हें दूर करने के तरीके खोजें। यदि आप अपने फोन से विचलित हो जाते हैं, तो उसे मौन करें या उसे दूसरे कमरे में रख दें। यदि आप सोशल मीडिया से विचलित हो जाते हैं, तो निर्दिष्ट समय के लिए उन तक पहुंच को ब्लॉक कर दें।

7. पुरस्कृत करें:

जब आप अपने लक्ष्यों को पूरा करते हैं, तो अपने आप को पुरस्कृत करें। यह आपके मस्तिष्क को सकारात्मक सुदृढीकरण प्रदान करेगा और आपको भविष्य में ध्यान केंद्रित रहने के लिए प्रोत्साहित करेगा।

8. माइंडफुलनेस का अभ्यास करें:

माइंडफुलनेस वर्तमान क्षण में उपस्थित रहने और अपने विचारों और भावनाओं के प्रति अधिक जागरूक होने का अभ्यास है। यह ध्यान भटकाने को कम करने और ध्यान केंद्रित करने की क्षमता को बढ़ावा देने में मदद कर सकता है। ध्यान, गहरी साँस लेने के व्यायाम, और बॉडी स्कैनिंग कुछ माइंडफुलनेस तकनीकें हैं जिन्हें आप आजमा सकते हैं।

9. धैर्य रखें:

ध्यान भटकाने को दूर करना और ध्यान बनाए रखना सीखने में समय लगता है। निराश न हों और अपने आप को धीरे-धीरे प्रगति करने दें। अभ्यास के साथ, आप पाएंगे कि ध्यान केंद्रित रहना आसान हो जाता है और आप अपने लक्ष्यों को अधिक सफलतापूर्वक प्राप्त कर सकते हैं।

10. मदद लें:

यदि आप ध्यान भटकाने को दूर करने और ध्यान बनाए रखने में लगातार संघर्ष कर रहे हैं, तो किसी पेशेवर से मदद लेने में संकोच न करें। एक चिकित्सक या कोच आपको आपकी विशिष्ट चुनौतियों को दूर करने में मदद कर सकता है और आपको अधिक केंद्रित और उत्पादक जीवन जीने के लिए मार्गदर्शन कर सकता है।

अपने जीवन में ध्यान भटकाने को दूर करना और ध्यान बनाए रखना एक सतत प्रक्रिया

Chapter 4: Mindful Eating in Action

अध्याय 4: क्रिया में माइंडफुल ईटिंग

हर भोजन में माइंडफुल ईटिंग को लागू करना

हम क्या खाते हैं, यह हमारे शारीरिक और मानसिक स्वास्थ्य दोनों पर महत्वपूर्ण प्रभाव डालता है। माइंडफुल ईटिंग एक सचेत और विचारशील दृष्टिकोण है जो आपके खाने के अनुभव को बदल सकता है और आपको स्वस्थ जीवन शैली अपनाने में मदद कर सकता है।

अगर आप हर भोजन में माइंडफुल ईटिंग को लागू करने की इच्छा रखते हैं, तो यहां कुछ सरल उपाय हैं जिनका आप अनुसरण कर सकते हैं:

1. अपने भोजन का सम्मान करें:

अपने भोजन को एक अनुष्ठान के रूप में देखें, न कि केवल एक दैनिक कार्य के रूप में। एक शांत और सुंदर वातावरण में खाने के लिए समय निकालें। अपने भोजन को एक आकर्षक थाली में परोसें और इसे टेबल पर व्यवस्थित करें। भोजन करते समय distractions को दूर रखें, जैसे कि टीवी, फोन, या किताबें।

2. अपने शरीर को सुनें:

अपने भूख और परिपूर्णता के संकेतों को पहचानना सीखें। भूख लगने पर ही खाना शुरू करें और जब आप संतुष्ट महसूस करें तब रुक जाएं। अपने आप को भरने के लिए मजबूर न करें, भले ही आपके थाली में खाना बचा हो।

3. धीरे-धीरे खाएं:

हर काटने को अच्छी तरह से चबाएं और भोजन के स्वाद, बनावट और गंध को धीरे-धीरे अनुभव करें। अपने आप को जल्दी न करें और प्रत्येक काटने के बीच कुछ सेकंड का समय लें। यह आपके शरीर को यह बताने का समय देता है कि क्या वह भरा हुआ है।

4. विभिन्न खाद्य पदार्थों का आनंद लें:

अपने आहार में विभिन्न प्रकार के स्वस्थ और पौष्टिक खाद्य पदार्थ शामिल करें। रंगीन फल, सब्जियां, साबुत अनाज, दालें और नट्स शामिल करें। अपने भोजन में स्वस्थ वसा और प्रोटीन के स्रोतों को भी शामिल करें।

5. नकारात्मक आत्म-चर्चा से बचें:

अपने आप को अपने भोजन के बारे में नकारात्मक बातें कहने से रोकें। दयालु और स्वीकार्य बनें। याद रखें, माइंडफुल ईटिंग एक यात्रा है, मंजिल नहीं। हर कोई कभी-कभी अस्वस्थ भोजन करता है।

6. अपने इरादे से जुड़े रहें:

अपने आप को याद दिलाएं कि क्यों आप माइंडफुल ईटिंग का अभ्यास करना चाहते हैं। क्या आप स्वस्थ रहना चाहते हैं? क्या आप तनाव कम करना चाहते हैं? क्या आप अपने भोजन का अधिक आनंद लेना चाहते हैं? अपना इरादा दृष्टि में रखने से आपको प्रेरित रहने और अपने लक्ष्यों को प्राप्त करने में मदद मिलेगी।

7. कृतज्ञता व्यक्त करें:

अपने भोजन के लिए आभारी रहें, उन सभी लोगों और प्रक्रियाओं के लिए जो इसे आपकी प्लेट तक लाने में शामिल थे। यह आपको अपने भोजन की सराहना करने और वर्तमान क्षण में उपस्थित रहने में मदद करेगा।

8. नियमित रूप से अभ्यास करें:

माइंडफुल ईटिंग को अपने दैनिक जीवन का एक नियमित हिस्सा बनाने का प्रयास करें। हर भोजन के लिए माइंडफुल ईटिंग का अभ्यास करना जरूरी नहीं है। लेकिन आप जितना अधिक अभ्यास करेंगे, यह आपके जीवन का एक स्वाभाविक हिस्सा बन जाएगा।

यदि आप इन सरल सुझावों का पालन करते हैं, तो आप अपने खाने के अनुभव को बदल सकते हैं और अपने समग्र स्वास्थ्य और कल्याण को बेहतर बनाने के लिए माइंडफुल ईटिंग का उपयोग कर सकते हैं। याद रखें, धैर्य रखें और अपने आप पर दया करें। माइंडफुल ईटिंग एक सीखने की प्रक्रिया है, और इसमें समय लगता है। लेकिन अगर आप प्रतिबद्ध हैं, तो आप परिणाम देखना शुरू कर देंगे।

इरादे के साथ भोजन चुनना और तैयार करना

हम जो खाते हैं उसका हमारे शरीर, मन और आत्मा पर गहरा प्रभाव पड़ता है। भोजन को केवल पोषण का स्रोत नहीं माना जाना चाहिए, बल्कि इसे एक समृद्ध अनुभव और खुद का पोषण करने का एक तरीका माना जाना चाहिए। इरादे के साथ भोजन चुनना और तैयार करना इस अनुभव को और अधिक गहरा बना सकता है और हमारे कल्याण को बढ़ावा दे सकता है।

इसका क्या मतलब है? इरादे के साथ भोजन चुनने और तैयार करने का अर्थ है अपने भोजन के प्रति सचेत और विचारशील होना। इसका अर्थ है यह समझना है कि आपका भोजन कहाँ से आता है, इसे कैसे उगाया या उत्पादित किया गया था, और इसमें कौन-से पोषक तत्व और यौगिक होते हैं। इसका यह भी अर्थ है कि आप अपने भोजन को कैसे तैयार करते हैं और इसे खाने के लिए आपका दिमाग किस स्थिति में होता है।

जब हम इरादे के साथ भोजन चुनते और तैयार करते हैं, तो हम अपने शरीर के साथ संबंध को गहरा करते हैं। हम अपने शरीर को सुनना सीखते हैं और समझते हैं कि उसे क्या चाहिए। हम अपने भोजन के स्रोत के बारे में अधिक जानकारी प्राप्त करते हैं और उन लोगों और प्रक्रियाओं का सम्मान करना सीखते हैं जो इसे हमारी प्लेट तक पहुंचाते हैं।

इरादे के साथ भोजन चुनने और तैयार करने के लाभ:

- स्वस्थ भोजन करना: जब हम इरादे से भोजन चुनते हैं, तो हम स्वाभाविक रूप से अधिक पौष्टिक खाद्य पदार्थों की ओर आकर्षित होते हैं। हम यह भी जानबूझकर जंक फूड और प्रोसेस्ड फूड से बचते हैं जो हमारे स्वास्थ्य के लिए हानिकारक हो सकते हैं।

- **तनाव कम करना:** रसोई में समय बिताना एक आरामदेह और ध्यान देने वाला अनुभव हो सकता है। जब हम इरादे से भोजन तैयार करते हैं, तो हम वर्तमान क्षण में उपस्थित रहते हैं और अपने विचारों को भटकने से रोकते हैं। इससे तनाव कम करने और मन की शांति बढ़ाने में मदद मिल सकती है।

- **कृतज्ञता बढ़ाना:** जब हम इरादे से भोजन करते हैं, तो हम अपने भोजन को प्राप्त करने के लिए आभारी महसूस करते हैं। हम उन सभी लोगों और प्रक्रियाओं के लिए कृतज्ञ होते हैं जो इसे हमारी प्लेट तक लाते हैं। इससे खुशी और आनंद की भावना बढ़ सकती है।

- **अपने आप से जुड़ना:** भोजन का समय आत्म-देखभाल का एक अवसर है। जब हम इरादे से भोजन करते हैं, तो हम अपने शरीर के साथ संबंध को गहरा करते हैं और अपनी आवश्यकताओं को पूरा करना सीखते हैं। इससे आत्म-सम्मान और आत्म-प्रेम बढ़ सकता है।

इरादे के साथ भोजन चुनने और तैयार करने के लिए युक्तियाँ:

- **अपने आप से पूछें कि आप खाना क्यों चाहते हैं:** क्या आप भूखे हैं? क्या आप तनावग्रस्त या उदास महसूस कर रहे हैं? क्या आप केवल इसलिए खा रहे हैं क्योंकि यह खाने का समय है? जब आप अपने खाने के पीछे के कारणों को समझते हैं, तो आप अधिक सचेत रूप से भोजन का चयन कर सकते हैं।

- **स्थानीय और मौसमी खाद्य पदार्थों का चुनाव करें:** जब आप स्थानीय और मौसमी खाद्य पदार्थ खाते हैं, तो आप जानते हैं कि आपका भोजन ताजा और पौष्टिक है। आप उन किसानों और उत्पादकों का भी समर्थन कर रहे हैं जो आपके समुदाय में काम करते हैं।

- अपने भोजन को ध्यान से देखें, गंध लें और छुएं: जब आप अपने भोजन को देखते, सूंघते और छूते हैं, तो आप उसके बारे में अधिक ध्यान से जुड़ते हैं। आप इसकी बनावट, रंग और सुगंध की सराहना कर सकते हैं।

विभिन्न परिस्थितियों में भोजन करना, जिसमें रेस्तरां भी शामिल हैं

हम सभी जानते हैं कि स्वस्थ भोजन करना महत्वपूर्ण है। लेकिन कभी-कभी ऐसा करना मुश्किल हो जाता है, खासकर जब हम विभिन्न परिस्थितियों में भोजन कर रहे हों, जैसे काम पर, बाहर या रेस्तरां में। हालांकि, कुछ सरल युक्तियों के साथ, आप विभिन्न परिस्थितियों में स्वस्थ और संतोषजनक भोजन करना सीख सकते हैं।

काम पर स्वस्थ भोजन:

- अपना नाश्ता और दोपहर का भोजन घर से लाएं: यह आपको यह नियंत्रित करने की अनुमति देता है कि आप क्या खाते हैं और सुनिश्चित करें कि आप पौष्टिक भोजन कर रहे हैं।
- हेल्दी स्नैक्स साथ रखें: ताजे फल, सब्जियां, नट्स और दही जैसे स्वस्थ स्नैक्स साथ रखें ताकि आप काम के दौरान भूख लगने पर जंक फूड से बच सकें।
- पानी भरपूर मात्रा में पिएं: कभी-कभी हम भूख को प्यास समझ लेते हैं। इसलिए पूरे दिन भर में पर्याप्त मात्रा में पानी पीने से आप हाइड्रेटेड रह सकते हैं और अस्वस्थ खाने से बच सकते हैं।
- स्वस्थ रेस्तरां विकल्प खोजें: यदि आपके पास घर से लंच लाने का समय नहीं है, तो स्वस्थ रेस्टोरेंट विकल्पों की तलाश करें जो ताजा, पके हुए खाद्य पदार्थ प्रदान करते हैं।

बाहर रहते हुए स्वस्थ भोजन:

- पहले से योजना बनाएं: यदि आप जानते हैं कि आप दिन में बाहर होंगे, तो पहले से ही योजना बनाएं कि आप कहाँ खाएँगे और क्या खाएँगे। इससे आपको जंक फूड के लिए ललचाने से बचने में मदद मिलेगी।

- स्वस्थ फास्ट फूड विकल्प खोजें: आजकल, कई फास्ट फूड रेस्तरां स्वस्थ विकल्प प्रदान करते हैं, जैसे कि सलाद, स्नैक्स और ग्रिल्ड चिकन। इन विकल्पों को चुनने से आप पौष्टिक भोजन का आनंद ले सकते हैं।

- फास्ट फूड के सेवन को सीमित करें: फास्ट फूड में अक्सर कैलोरी, वसा और सोडियम की मात्रा अधिक होती है। इसलिए, फास्ट फूड का सेवन सीमित करें और इसे कभी-कभार ही खाएं।

- पैकेज्ड स्नैक्स से बचें: जब आप बाहर हों, तो पैकेज्ड स्नैक्स से बचने की कोशिश करें, जो अक्सर अस्वस्थ सामग्री से भरे होते हैं। इसके बजाय, ताजे फल, सब्जियां या नट्स जैसे स्वस्थ स्नैक्स चुनें।

रेस्तरां में स्वस्थ भोजन:

- मेनू को ध्यान से पढ़ें: ऑर्डर करने से पहले मेनू को ध्यान से पढ़ें और स्वस्थ विकल्पों की तलाश करें। ग्रील्ड, बेक्ड या उबले हुए व्यंजन चुनें और तले हुए खाद्य पदार्थों से बचें।

- सॉस और ड्रेसिंग के बारे में सावधान रहें: रेस्तरां के भोजन में अक्सर सॉस और ड्रेसिंग में कैलोरी और वसा की मात्रा अधिक होती है। इसलिए, इनका कम से कम उपयोग करें या उन्हें पूरी तरह से छोड़ दें।

- अपनी भूख का सम्मान करें: अधिक खाने से बचने के लिए अपनी भूख का सम्मान करें। यदि आप संतुष्ट महसूस करते हैं, तो बाकी भोजन घर ले जाएं।

- फलों का विकल्प चुनें: जब मिठाई की बात आती है, तो फलों का विकल्प चुनें। यह आपको एक संतोषजनक और स्वस्थ मिठाई का आनंद लेने का एक शानदार तरीका है।

इन युक्तियों का पालन करके, आप विभिन्न परिस्थितियों में सफलतापूर्वक स्वस्थ भोजन कर सकते हैं। याद रखें, स्वस्थ भोजन करना एक यात्रा है, न कि मंजिल। कभी-कभार अस्वस्थ भोजन करना ठीक है। लेकिन अगर आप अपने समग्र स्वास्थ्य में सुधार करना चाहते हैं, तो इन युक्तियों को अपने जीवन में शामिल करें।

लालसा और भावनात्मक खाने से निपटना

हम सभी कभी ना कभी खाने की लालसा का अनुभव करते हैं, खासकर जब हम तनावग्रस्त, उदास या चिंतित होते हैं। ये भावनाएं हमें भावनात्मक खाने के लिए प्रेरित कर सकती हैं, जो एक अस्वस्थ मुकाबला तंत्र है जो हमें अपने वास्तविक भावनाओं से निपटने से रोकता है और हमारे शारीरिक और मानसिक स्वास्थ्य को नुकसान पहुंचा सकता है।

लेकिन चिंता न करें! लालसा और भावनात्मक खाने से निपटने के लिए कई प्रभावी तरीके हैं। यहां कुछ युक्तियां दी गई हैं जिनका आप उपयोग कर सकते हैं:

1. अपने ट्रिगर की पहचान करें:

पहला कदम यह पहचानना है कि क्या आपको भावनात्मक खाने के लिए प्रेरित करता है। क्या यह तनाव, उदासी, चिंता या ऊब है? एक बार जब आप अपने ट्रिगर की पहचान कर लेते हैं, तो आप उनसे निपटने के लिए स्वस्थ तरीके विकसित कर सकते हैं।

2. अपने आप को विचलित करें:

जब आप खाने की लालसा महसूस करते हैं, तो अपने आप को विचलित करने का प्रयास करें। टहलें, संगीत सुनें, किताब पढ़ें, या दोस्तों या परिवार के साथ बात करें। कुछ ऐसा करें जिससे आप अपने दिमाग को भोजन से हटा सकें।

3. स्वस्थ स्नैक्स रखें:

अपने पास स्वस्थ स्नैक्स रखें ताकि जब आपको लालसा महसूस हो तो आप जंक फूड के लिए ललचाएं नहीं। फल, सब्जियां, दही, नट्स, और साबुत अनाज जैसे पोषक तत्वों से भरपूर स्नैक्स का चुनाव करें।

4. धीरे-धीरे खाएं:

जब आप भावनात्मक रूप से खाते हैं, तो आप जल्दी और सोच-समझकर खा सकते हैं। धीरे-धीरे खाने से आपको अपने शरीर के संकेतों को सुनने और यह जानने का समय मिलता है कि कब आप संतुष्ट हैं।

5. अपनी भावनाओं पर ध्यान दें:

अपनी भावनाओं को दबाने के बजाय, उन्हें स्वीकार करने और उनका सामना करने का प्रयास करें। एक पत्रिका में लिखना, किसी मित्र से बात करना, या ध्यान का अभ्यास करना आपको अपनी भावनाओं को समझने और उनसे स्वस्थ तरीके से निपटने में मदद कर सकता है।

6. पेशेवर मदद लें:

यदि आप भावनात्मक खाने के साथ संघर्ष कर रहे हैं, तो पेशेवर मदद लेने में संकोच न करें। एक चिकित्सक या पोषण विशेषज्ञ आपको भावनात्मक खाने के अंतर्निहित कारणों को समझने और स्वस्थ मुकाबला तंत्र विकसित करने में मदद कर सकता है।

7. दयालु और स्वीकार्य बनें:

पूर्णता की ओर मत देखें। याद रखें, हम सभी कभी-कभी भावनात्मक रूप से खाते हैं। अपने आप से दयालु और स्वीकार्य बनें। एक बार जब

आप अपने आप को स्वीकार कर लेते हैं, तो आप अपने खाने के पैटर्न को बदलना शुरू कर सकते हैं।

8. खुद से प्यार करें:

अपने आप से प्यार करना और खुद को स्वीकार करना भावनात्मक खाने को दूर करने का एक महत्वपूर्ण कदम है। जब आप खुद से प्यार करते हैं, तो आप अपने शरीर और अपनी भावनाओं का सम्मान करना सीखते हैं। यह आपको स्वस्थ विकल्प बनाने और अपने समग्र स्वास्थ्य और कल्याण को बेहतर बनाने के लिए प्रेरित करता है।

9. धैर्य रखें:

भावनात्मक खाने से उबरने में समय लगता है। निराश न हों और अपने आप को धीरे-धीरे प्रगति करने दें। हर छोटी जीत को मनाएं और अपने लक्ष्यों पर ध्यान केंद्रित करें।

10. आनंद के लिए खाएं:

खाना आपके शरीर को पोषण देने और अपने स्वाद को संतुष्ट करने के बारे में होना चाहिए। अपने आप को उन खाद्य पदार्थों का आनंद लेने की अनुमति दें जो

Chapter 5: Transforming Your Relationship with Food

अध्याय 5: भोजन के साथ अपने संबंध को रूपांतरित करना

यथार्थवादी लक्ष्य और इरादे निर्धारित करना

जीवन में सफलता का एक अनिवार्य अंग लक्ष्य निर्धारित करना और उन लक्ष्यों को प्राप्त करने के लिए इरादे बनाना है। लेकिन कभी-कभी, हम अवास्तविक लक्ष्य निर्धारित कर लेते हैं या ऐसे इरादे बना लेते हैं जिनका पालन करना मुश्किल होता है। इससे निराशा और असफलता की भावना पैदा हो सकती है।

यही कारण है कि यथार्थवादी लक्ष्य और इरादे निर्धारित करना महत्वपूर्ण है। यथार्थवादी लक्ष्य ऐसे लक्ष्य होते हैं जिन्हें आप मेहनत और लगन से प्राप्त कर सकते हैं। वे विशिष्ट, मापने योग्य, प्राप्त करने योग्य, प्रासंगिक और समयबद्ध होने चाहिए (SMART लक्ष्य)। यथार्थवादी इरादे ऐसे हैं जिन्हें आप वास्तव में अपने दिन-प्रतिदिन के जीवन में लागू कर सकते हैं।

यथार्थवादी लक्ष्य निर्धारित करने के लाभ:

- प्राप्त करने योग्यता: जब आप यथार्थवादी लक्ष्य निर्धारित करते हैं, तो आप उन्हें प्राप्त करने के लिए अधिक प्रेरित होते हैं। आपको पता है कि आप उन्हें हासिल कर सकते हैं, इसलिए आप उन्हें हासिल करने के लिए कड़ी मेहनत करने के लिए प्रेरित होते हैं।

- आत्मविश्वास: जब आप अपने लक्ष्यों को प्राप्त करते हैं, तो यह आपके आत्मविश्वास को बढ़ाता है। आप अपने आप में और अपनी क्षमताओं में अधिक विश्वास करते हैं।

- आत्म-प्रभावकारिता: जब आप देखते हैं कि आप अपने लक्ष्यों को प्राप्त कर सकते हैं, तो आप यह भी मानने लगते हैं कि आप अपने जीवन में जो कुछ भी चाहते हैं वह हासिल कर सकते हैं। यह आपको आगे बढ़ने और बड़े लक्ष्य निर्धारित करने के लिए प्रेरित करता है।

- जीवन में संतुलन: जब आप यथार्थवादी लक्ष्य निर्धारित करते हैं, तो आप अपने जीवन में संतुलन बनाए रख सकते हैं। आप अपने काम, अपने रिश्तों और अपने व्यक्तिगत जीवन के लिए समय निकाल सकते हैं।

यथार्थवादी इरादे बनाने के लाभ:

- व्यवहार परिवर्तन: जब आप यथार्थवादी इरादे बनाते हैं, तो आप धीरे-धीरे अपने व्यवहार को बदलने की अधिक संभावना रखते हैं। आप छोटे, प्रबंधनीय कदम उठा सकते हैं जो समय के साथ बड़े बदलाव ला सकते हैं।

- स्थायी परिवर्तन: यथार्थवादी इरादे बनाकर, आप स्थायी परिवर्तन करने की अधिक संभावना रखते हैं। आप ऐसे परिवर्तन करने में सक्षम होंगे जो आपके जीवन का स्थायी हिस्सा बन जाएंगे।

- तनाव में कमी: जब आप यथार्थवादी इरादे बनाते हैं, तो आप अपने ऊपर से दबाव कम कर सकते हैं। आपको अपने आप से बहुत अधिक उम्मीद नहीं करनी पड़ेगी, जिससे तनाव और चिंता का स्तर कम हो सकता है।

- अच्छा मानसिक स्वास्थ्य: यथार्थवादी इरादे बनाकर, आप अपने मानसिक स्वास्थ्य को बेहतर बना सकते हैं। आप अधिक

सकारात्मक और आशावादी बन सकते हैं, और आप अपने जीवन में अधिक संतुष्ट महसूस कर सकते हैं।

यथार्थवादी लक्ष्य और इरादे निर्धारित करने के लिए टिप्स:

- अपने मूल्यों को पहचानें: इससे पहले कि आप लक्ष्य निर्धारित करना शुरू करें, अपने मूल्यों को पहचानना महत्वपूर्ण है। आपके मूल्य आपके जीवन में सबसे महत्वपूर्ण क्या है, इसके बारे में आपकी मान्यताओं को दर्शाते हैं। आपके मूल्यों के अनुरूप लक्ष्य निर्धारित करना आवश्यक है।

- छोटे लक्ष्य निर्धारित करें: बड़े लक्ष्यों को छोटे, प्रबंधनीय लक्ष्यों में तोड़ें। यह आपको लक्ष्य प्राप्त करने की प्रक्रिया को कम कठिन और अधिक प्राप्त करने योग्य बनाता है।

- अपने आप को समय दें: याद रखें, लक्ष्य हासिल करने में समय लगता है। धैर्य रखें और अपने आप को हार न मानने दें।

नकारात्मक आत्म-चर्चा को दूर करना और आत्म-करुणा का विकास करना

हम सभी अपने बारे में नकारात्मक बातें सोचते हैं। यह मानवीय स्वभाव है। लेकिन जब नकारात्मक आत्म-चर्चा हमारे जीवन का एक निरंतर हिस्सा बन जाती है, तो यह हमारे आत्म-सम्मान को कम कर सकती है, हमारे लक्ष्यों को प्राप्त करने में बाधा डाल सकती है, और हमारे मानसिक और शारीरिक स्वास्थ्य पर नकारात्मक प्रभाव डाल सकती है।

दूसरी ओर, आत्म-करुणा स्वीकार करने और खुद के प्रति दयालु होने की एक शक्तिशाली अभ्यास है। यह हमें अपने दोषों और कमियों को स्वीकार करने और फिर भी खुद को प्यार करने की अनुमति देता है। यह हमें जीवन की चुनौतियों का सामना करने और खुद को वापस उठाने की ताकत देता है।

नकारात्मक आत्म-चर्चा के प्रभाव:

- कम आत्म-सम्मान: नकारात्मक आत्म-चर्चा आपके आत्म-सम्मान को कम कर सकती है और आपको कम आत्मविश्वासी बना सकती है। यह आपको अपने आप को वापस लेने और अपने लक्ष्यों को प्राप्त करने में संकोच कर सकता है।

- चिंता और अवसाद: नकारात्मक आत्म-चर्चा चिंता और अवसाद के लक्षणों को बढ़ा सकती है। जब आप लगातार अपने बारे में नकारात्मक विचार रखते हैं, तो आप तनावग्रस्त और उदास महसूस करने लगते हैं।

- कम प्रेरणा: नकारात्मक आत्म-चर्चा आपको अपने लक्ष्यों को प्राप्त करने के लिए कम प्रेरित महसूस करा सकती है। जब आप लगातार सोचते हैं कि आप सफल नहीं होंगे, तो आपको कोशिश करने का कोई मतलब नहीं दिखता है।

आत्म-करुणा के लाभ:

- उच्च आत्म-सम्मान: आत्म-करुणा आपको अपने आत्म-सम्मान को बढ़ाने में मदद कर सकती है। जब आप खुद के प्रति दयालु और स्वीकार्य होते हैं, तो आप खुद को अधिक प्यार और स्वीकार करते हैं।

- कम तनाव और चिंता: आत्म-करुणा तनाव और चिंता को कम करने में मदद कर सकती है। जब आप खुद के प्रति दयालु होते हैं, तो आप अपने आप को इतनी कठोरता से नहीं आंकते हैं।

- अधिक लचीलापन: आत्म-करुणा आपको अधिक लचीला बना सकती है। जब आप जीवन की चुनौतियों का सामना करते हैं, तो आप खुद को वापस लेने और आगे बढ़ने की ताकत पाते हैं।

- अच्छे संबंध: आत्म-करुणा आपको बेहतर संबंध बनाने में मदद कर सकती है। जब आप खुद के प्रति दयालु होते हैं, तो आप दूसरों के प्रति भी दयालु होते हैं।

नकारात्मक आत्म-चर्चा को दूर करने और आत्म-करुणा का विकास करने के लिए सुझाव:

- अपने आंतरिक आलोचक को पहचानें: पहला कदम नकारात्मक आत्म-चर्चा को पहचानना है। अपने विचारों को ध्यान से सुनें और देखें कि क्या वे दयालु और सहायक हैं या नहीं।

- अपनी नकारात्मक विचारों को चुनौती दें: जब आप एक नकारात्मक विचार रखते हैं, तो उसे चुनौती देने का प्रयास करें। अपने आप से पूछें कि क्या यह विचार सच है और क्या कोई और तरीका है जिससे आप स्थिति को देख सकते हैं।

- अपने आप से दयालुता से बात करें: अपने आप से वैसा ही बात करें जैसा आप किसी मित्र से बात करेंगे। अपने आप को दयालु और समझदार शब्दों में बोलें।

- अपने आप को स्वीकार करें: अपने आप को सभी खामियों और कमियों के साथ स्वीकार करें। याद रखें, आप इंसान हैं और गलतियां करना ठीक है।

एक स्वस्थ और संतुलित भोजन संबंध बनाना

हम जो खाते हैं वह हमारे शारीरिक और मानसिक स्वास्थ्य दोनों को गहराई से प्रभावित करता है। एक स्वस्थ और संतुलित भोजन संबंध विकसित करना जीवन की सबसे महत्वपूर्ण चीजों में से एक है। यह न केवल हमें शारीरिक रूप से स्वस्थ रखता है, बल्कि हमें मानसिक और भावनात्मक रूप से भी अच्छा महसूस कराता है।

एक स्वस्थ और संतुलित भोजन संबंध क्या है?

एक स्वस्थ और संतुलित भोजन संबंध भोजन के प्रति एक सचेत और विचारशील दृष्टिकोण है जो आहार प्रतिबंधों और कठोर नियमों से मुक्त है। यह संतुलित भोजन करने, अपने शरीर को सुनने और भोजन के अनुभव का आनंद लेने पर केंद्रित है।

स्वस्थ और संतुलित भोजन संबंध के लाभ:

- बेहतर शारीरिक स्वास्थ्य: स्वस्थ भोजन करने से आपको आवश्यक पोषक तत्व प्राप्त करने में मदद मिलती है जो आपके शरीर को ठीक से काम करने के लिए आवश्यक होते हैं। यह आपको मजबूत हड्डियों और मांसपेशियों को बनाए रखने, बीमारी से लड़ने में मदद करने और एक स्वस्थ वजन बनाए रखने में मदद करता है।

- बेहतर मानसिक स्वास्थ्य: स्वस्थ भोजन करने से आपका मूड और ऊर्जा का स्तर बढ़ सकता है। यह चिंता और अवसाद के लक्षणों को कम करने में भी मदद कर सकता है।

- बेहतर आत्म-सम्मान: जब आप अपने शरीर का पोषण करते हैं और अपने आप को स्वस्थ भोजन का विकल्प चुनते हैं, तो आप अपने बारे में बेहतर महसूस करने लगते हैं। यह आपके

आत्मविश्वास को बढ़ाता है और आपको अपने जीवन के अन्य क्षेत्रों में सफल होने में मदद करता है।

- अपने शरीर से जुड़ना: स्वस्थ भोजन करने से आपको अपने शरीर को सुनना और उसकी जरूरतों को समझना सीखने में मदद मिलती है। यह आपको भूख और परिपूर्णता के अपने संकेतों के प्रति अधिक संवेदनशील बनाता है और आपको अधिक संतुलित तरीके से खाने में मदद करता है।

- भोजन का आनंद लेना: स्वस्थ भोजन करने का मतलब यह नहीं है कि आपको अपने पसंदीदा खाद्य पदार्थों को छोड़ना होगा। यह स्वस्थ और स्वादिष्ट भोजन का आनंद लेने और एक सकारात्मक भोजन अनुभव बनाने के बारे में है।

एक स्वस्थ और संतुलित भोजन संबंध कैसे बनाएं:

- अपने भोजन के लिए समय निकालें: भोजन को एक दैनिक कार्य के रूप में न देखें, बल्कि इसे आनंद लेने और अपने शरीर का पोषण करने के अवसर के रूप में देखें। भोजन करते समय टीवी न देखें, अपने फोन की जांच न करें, या कोई अन्य काम न करें। बस अपने भोजन पर ध्यान दें और इसका स्वाद लें।

- ध्यान से खाएं: धीरे-धीरे खाएं और प्रत्येक काटने का स्वाद और बनावट का आनंद लें। अपने भोजन को अच्छी तरह से चबाएं और अपने शरीर को यह बताने के लिए समय दें कि वह कब संतुष्ट है।

- संतुलित आहार बनाएं: विभिन्न प्रकार के पौष्टिक खाद्य पदार्थों का आहार बनाएं, जिसमें फल, सब्जियां, साबुत अनाज, प्रोटीन और स्वस्थ वसा शामिल हों। प्रसंस्कृत खाद्य पदार्थ, अतिरिक्त चीनी और अस्वास्थ्यकर वसा को सीमित करें।

- अपने शरीर को सुनें: भूख और परिपूर्णता के अपने संकेतों को पहचानना सीखें। जब आप भूखे हों तब खाना शुरू करें और जब आप संतुष्ट महसूस करें तब रुकें। अपने आप को भरने के लिए मजबूर न करें।
- पानी पियें: पानी आपके समग्र स्वास्थ्य के लिए आवश्यक है। दिन भर में भरपूर पानी पीने से आपको हाइड्रेटेड रहने, संतुष्ट रहने और स्वस्थ वजन बनाए रखने में मदद मिलती है।

खाने का आनंद: एक उत्सव

भोजन जीवन का एक मूलभूत हिस्सा है, लेकिन यह केवल पोषण से कहीं अधिक है। खाने में एक गहरा आनंद और संतुष्टि है जो हमें अपने शरीर, दिमाग और आत्मा को पोषण देने की अनुमति देता है। खाने का आनंद लेना एक स्वस्थ और संतुलित जीवन का एक महत्वपूर्ण हिस्सा है, और यह एक ऐसा अनुभव है जिसका हमें हर दिन जश्न मनाना चाहिए।

खाने का आनंद क्यों मायने रखता है?

- शारीरिक स्वास्थ्य: जब हम भोजन का आनंद लेते हैं, तो हम अधिक धीरे-धीरे और सावधानी से खाते हैं, जो हमें अपने शरीर के संकेतों को सुनने और अधिक संतुलित तरीके से खाने में मदद करता है। यह पाचन में सुधार कर सकता है, तनाव कम कर सकता है और हमारे समग्र शारीरिक स्वास्थ्य को बढ़ावा दे सकता है।

- मानसिक स्वास्थ्य: खाने का आनंद उठाने से सकारात्मक भावनाएं पैदा हो सकती हैं, जैसे खुशी, कृतज्ञता और संतुष्टि। यह तनाव और चिंता को कम कर सकता है, हमारे मनोदशा को बढ़ा सकता है और हमारे मानसिक स्वास्थ्य को बेहतर बना सकता है।

- सामाजिक संबंध: भोजन अक्सर हमें परिवार और दोस्तों के साथ जुड़ने और सामाजिक संबंधों को मजबूत करने का अवसर प्रदान करता है। एक साथ भोजन करने से हमें एक दूसरे के बारे में जानने में मदद मिलती है, बंधन और यादें बनाते हैं।

- आत्म-देखभाल: जब हम भोजन का आनंद लेते हैं, तो हम अपने शरीर और दिमाग की देखभाल कर रहे होते हैं। हम अपने आप को पोषण दे रहे हैं, अपने इंद्रियों को उत्तेजित कर रहे हैं और

खुद का सम्मान कर रहे हैं। यह आत्म-देखभाल का एक महत्वपूर्ण पहलू है और हमारे समग्र कल्याण को बढ़ाता है।

- जीवन का एक अनुभव: भोजन जीवन के सबसे सुखद अनुभवों में से एक है। यह हमें हमारे इंद्रियों को लुभाने, विभिन्न स्वादों का आनंद लेने और दुनिया के विभिन्न संस्कृतियों का अनुभव करने की अनुमति देता है। यह जीवन के छोटे सुखों में से एक है जिसके लिए हमें आभारी होना चाहिए।

खाने का आनंद कैसे बढ़ाएं:

- अपने भोजन के लिए समय निकालें: भोजन करने में जल्दबाजी न करें। एक शांत और आरामदायक वातावरण में बैठें और अपने भोजन का आनंद लेने के लिए समय निकालें।

- ध्यान से खाएं: अपने भोजन को अच्छी तरह से चबाएं और प्रत्येक काटने के स्वाद और बनावट पर ध्यान दें। अपने आप को भोजन के अनुभव में विसर्जित करें।

- विभिन्न प्रकार के खाद्य पदार्थों का आनंद लें: नए खाद्य पदार्थों को आजमाएं और विभिन्न व्यंजनों का पता लगाएं। अपने आप को स्वादों की एक विस्तृत श्रृंखला का अनुभव करने का अवसर दें।

- कृतज्ञता का अभ्यास करें: अपने भोजन के लिए आभारी रहें, उन सभी लोगों और प्रक्रियाओं के लिए जो इसे आपकी प्लेट तक लाते हैं।

- भोजन को सामाजिक अनुभव बनाएं: परिवार और दोस्तों के साथ भोजन करें और एक दूसरे की संगति का आनंद लें।

- भोजन को सकारात्मक अनुभव बनाएं: भोजन के बारे में नकारात्मक बातें करने से बचें। इसके बजाय, भोजन के बारे में सकारात्मक और आनंददायक तरीके से सोचने का प्रयास करें।

खाने का आनंद लेना एक यात्रा है, न कि मंजिल। इसमें समय और प्रयास लगता है, लेकिन यह एक सार्थक प्रयास है। जब आप खाने का आनंद लेना सीखते हैं, तो आप अपने जीवन में अधिक खुशी, संतुष्टि और कल्याण का अनुभव करेंगे।

Printed in the USA
CPSIA information can be obtained
at www.ICGtesting.com
CBHW070010090824
12786CB00030B/1230